KB236680

철학하는 어린이

안다는 것은 무엇일까요?

이 책은 프랑스 낭테르 시 어린이들과 오스카 브르니피에 선생님의
철학적 대화를 담은 책입니다.

상수리 출판사

상수리나무는 가뭄이 들수록 더 깊게 뿌리를 내리고
당당하게 서서 더 많은 열매를 맺습니다.
숲의 지배자인 상수리나무는 참나무과에 속하고, 꿀밤나무라 불리기도 합니다.
성경에 아브라함이 세 명의 천사를 만나는 곳도 상수리나무 앞이지요.
이런 상수리나무의 강인한 생명력과 특별한 능력을 귀히 여겨
출판사 이름을 '상수리'라고 했습니다.
우리 어린이들에게 상수리나무의 기상과 생명력을 전하는
좋은 책을 계속 만들어 가겠습니다.

철학하는 어린이

안다는 것은 무엇일까요?

글 | 오스카 브르니피에
그림 | 파스칼 르메트르
옮김 | 박광신

우리는 왜 질문을 할까요?

어린이들은 많은 질문을 합니다. 그중에는 아주 중요한 질문들도 있어요.
이 질문들을 어떻게 해야 할까요? 부모님과 선생님이 질문에 모두 대답해야 할까요?

물론 이 책에서 부모님과 선생님의 대답을 제외하려는 건 아니에요.
부모님과 선생님의 대답은 어린이 스스로 생각할 수 있게 도움을 줄 수 있으니까요.
그렇지만 어린이 스스로 질문에 대해 생각하고 판단하면서,
독립심을 기르고 책임감도 갖게 하는 것이 바람직하겠죠?

〈철학하는 어린이〉 시리즈에서는 한 질문마다 다양한 답을 제시하고 있습니다.
명확한 대답도 있지만 까다롭고 당황스러운 대답도 있지요.
그리고 이런 대답들은 또다시 새로운 질문을 하게 만듭니다.
생각이란 끝을 모르는 길이니까요.

어쩌면 이렇게 해서 얻게 되는 마지막 질문에는 대답할 수 없을지도 모릅니다.
하지만 차라리 그게 나을지도 몰라요. 답을 줄 수 있는 질문이 아닐지도 모르니까요.
어떤 질문은 단지 물음이 나온 것만으로도 좋을 수 있답니다.
질문이 그 자체로 아름다운 질문이거나
의미와 가치를 갖는 아름다운 문제를 표현하기 때문이지요.
삶, 사랑, 아름다움 또는 선함도 항상 이렇게 질문으로 남게 되겠지요.

그렇지만 답을 찾아가는 과정은 그려질 것입니다.
그 과정으로 들어가 곰곰이 생각해 봅시다.
이러한 과정은 우리가 깨어 있기 원하는 친구들을 만나는 것과 같이 우리를
깨어 있게 할 테니까요.
더 나아가 이런 대화를 확장해 봅시다.
어린이뿐만 아니라 부모님에게도 많은 것을 가져다줄 것입니다.

오스카 브르니피에

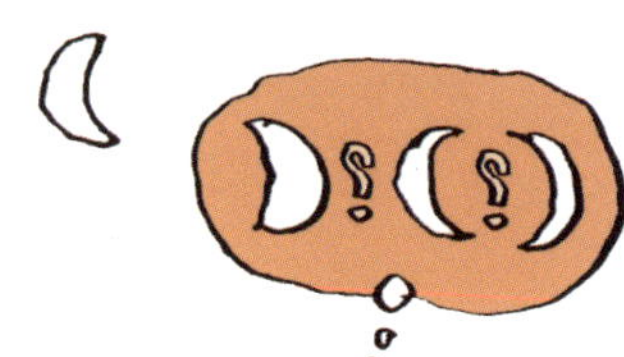

자존감을 길러 주는 어린이 철학책

한 인간을 만들기 위해서 우주는 억겁의 시간을 기다렸고,
지구는 45억 년을 돌았습니다. 한 존재가 태어나기까지의 과정을 추적한다면
누구나 분명히 고백할 수 있습니다.

'나' 는 이 땅에 온 별이다!

그런데 왜 그 별이 빛을 잃고 돌이 되어 있을까요?

왜 우리는 자신을 과소평가하는 데 익숙할까요? 바로 '나' 때문입니다.

"인간을 낙원에서 추방할 수 있는 자는 오로지 인간뿐" 이라고 한 철학자는
에리히 프롬입니다.

우리는 너무 쉽게 우리 자신을 깎아내려서 스스로 낙원에서 추방한 것이지요.
지금 가난하다고, 당장 일자리가 불안하다고, 더 이상 젊지 않다고,
학벌이 별로라고, 스스로 콤플렉스를 만들면서 45억 년 세월이,
억겁의 세월이 우리를 낳은 까닭을 잊고 살아왔습니다.

〈철학하는 어린이〉 시리즈는 우리가 만든 콤플렉스 때문에 우리가 놓친 삶의
가치를 다시 생각할 수 있도록 해줍니다.

진짜 아름다움은 어떤 건지, 행복은 어디에 있는지, 우리는 왜 자유를 추구하는지,
함께 존재한다는 것의 의미는 무엇인지, '생각' 하게 만듭니다.

생각이란 걸 해 보면 우리 마음속에 얼마만한 보화가 있는지 스스로 놀라게 됩니다.

처음에는 별생각 없이 책을 펼쳤습니다. 그러다 놀랐습니다. '아니, 프랑스 어린이
들은 어렸을 때부터 이렇게 스스로 생각하는 훈련을 받나!' 싶어서 말입니다.

'어렸을 때부터 성찰의 논리를 배워 익힌다면, 살면서 무슨 일이 생겨도 세상을
탓하지 않고 마음의 중심을 키워 갈 수 있겠구나!' 싶었습니다.

〈철학하는 어린이〉 시리즈는 내 마음의 보물 창고를 향해 첫발을 내딛게 하는
책입니다. 이 책을 통해서 생각의 춤을 추게 되면 스스로 또 다른 방식의 춤을
추는 법도 익히리라 믿습니다.

수원대학교 철학과 교수 이 주 향

차 례

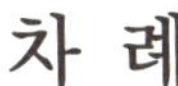

우주가 있다는 것을 어떻게 알 수 있을까요?

난 하늘에 가득한 별을 보면서

우주가 있다는 것을 알 수 있어요.

우리는 존재하는 모든 것을
볼 수 있을까요?

우리의 눈이 잘못 볼 수도
있지 않을까요?

어떤 것이 있다는 걸 알려면
보는 것보다 만져 보는 게
낫지 않을까요?

보는 것만으로 그것이
무엇인지 알 수 있을까요?

부모님께서 우주가 있다고

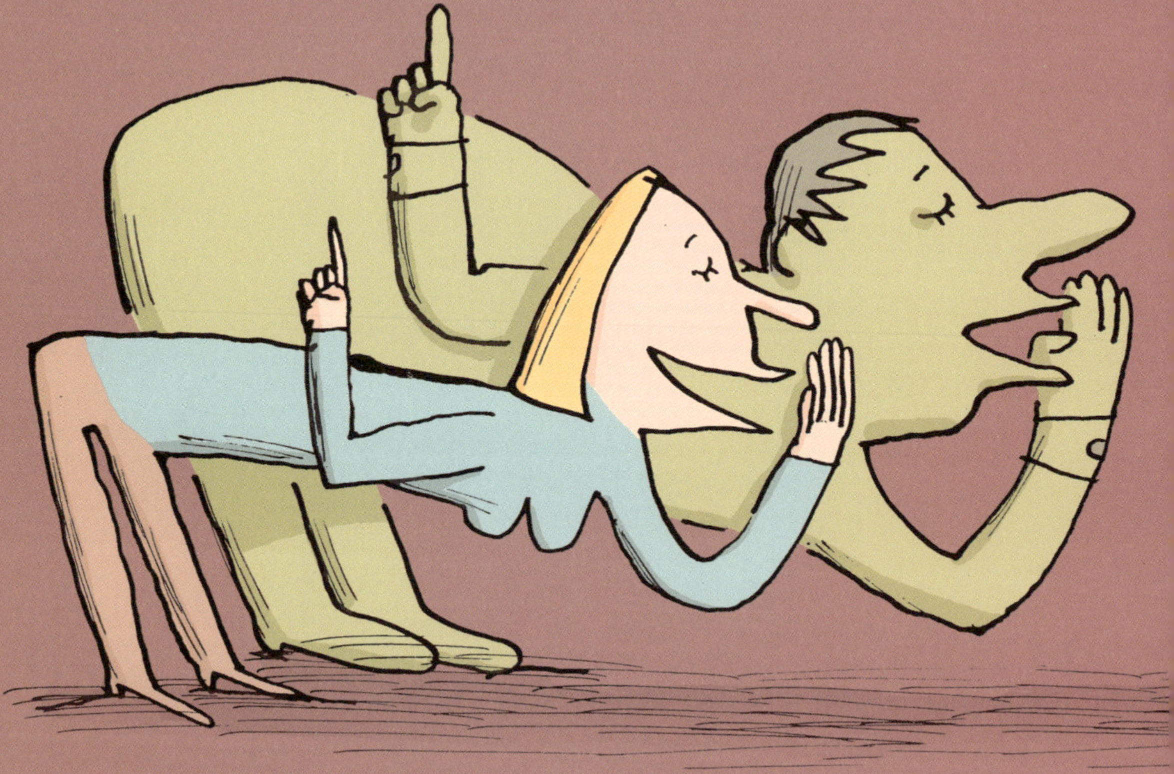

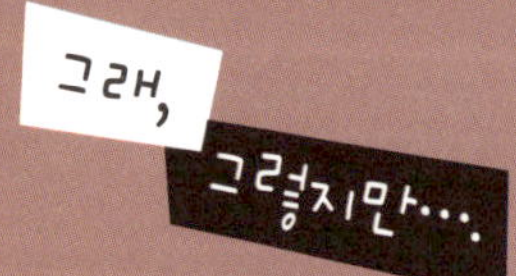

부모님은 우주가 있다는 것을
어떻게 알았을까요?

부모님이 이야기를 꾸며
낼 때도 있지 않나요?

이야기해 주셨으니까요.

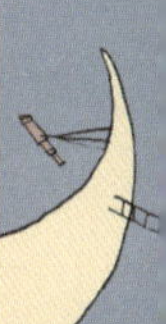

부모님이 무언가를 잘못 알고
있을 때도 있지 않을까요?

부모님만 우주가 있다고 말한다면
우리는 그 말을 믿어야 할까요?

우주가 있을 거라고 나 스스로 이해했어요.

다른 사람의 도움 없이 혼자서
무언가를 이해할 수 있을까요?

우주가 어디에서 왔고, 우주가
무엇인지도 이해하고 있나요?

우주가 있다는 증거를
말할 수 있나요?

우리가 이해하기에 우주는
너무 크고 수수께끼처럼
느껴지지 않나요?

우주가 있다는 것을
학자들이 발견했으니까요.

학자들이 발견하기 전에도
우주는 있었을까요?

사람들은 왜 우주를 발견하려고
노력했을까요?

왜 우주가 있다는 것을 어떻게 알 수 있을까요?

무언가를 발견하는 게 하루아침에
이루어질 수 있을까요?

학자들이 우주를 상상했기 때문에
우주를 발견한 건 아닐까요?

난 우주가 있는지 잘 모르겠어요.

우리는 알고 있는 것에 대해
언제나 확신할 수 있을까요?

우주가 있다는 것을 믿기 위해
우주의 존재를 반드시 알아야만
하는 걸까요?

어떤 것에 대해 확실히 알고
믿게 하는 방법이 있을까요?

절대적으로 확신할 수
있는 것이 있을까요?

지구가 있어야 할 장소가 필요하고,
난 그곳이 바로 우주라고 생각해요.

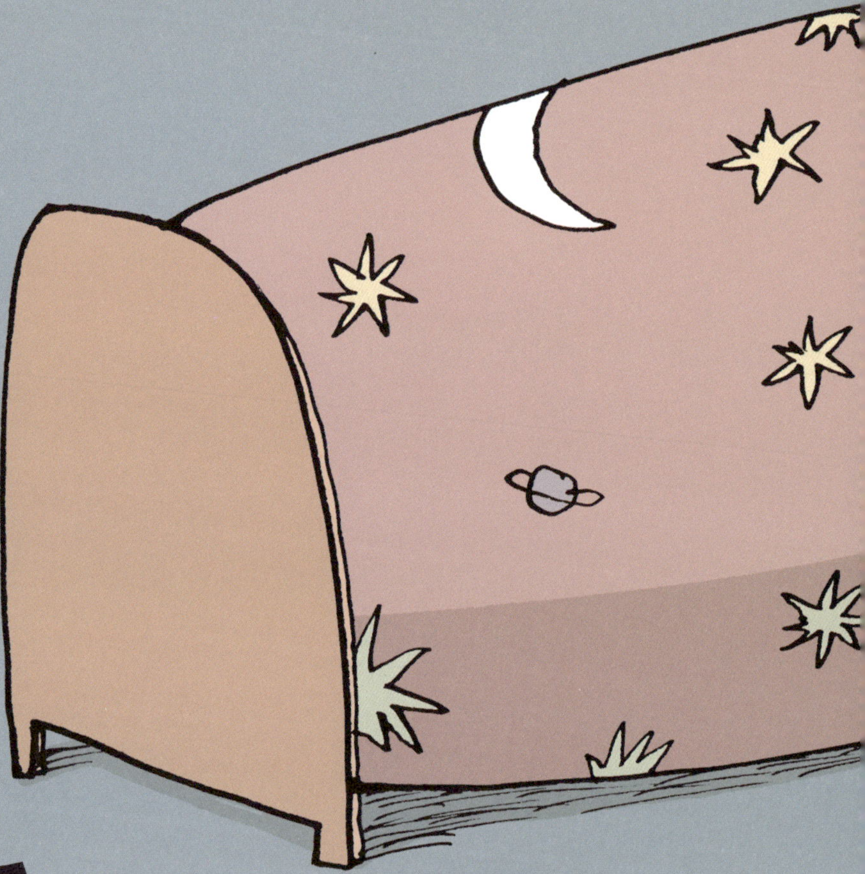

그렇다면 우주는 어디에 있나요?

지구가 있는 곳이 우주가 아니라
다른 곳일 수도 있지 않을까요?

지구가 우주의 바깥에
위치할 수도 있지 않을까요?

지구가 없다면 우주는 어떻게 될까요?
여전히 지금과 같은 우주일까요?

우리는 우주가 존재한다고 생각해요.

우리는 우주의 일부분을 직접 보기도 하지요.

또한 부모님과 학자들이 우주에 대해 말하고 설명해 주어요.

우주라는 거대한 신비를 알아갈수록 우리는 우주가 더 놀랍고 신기해요.

하지만 우주를 이해하는 게 가끔은 너무 어려워요.

우주를 설명하는 말이 너무 복잡하기 때문이에요.

게다가 거대한 우주를 한눈에 보기에 우리 시야는 너무 좁아요.

하늘에 있는 모든 별을 생각해 봐요!

우리가 속해 있는 우주를 생각하면서,

우리는 끝이 없다는 것이 어떤 것일까 묻게 된답니다.

만약 우주가 정말 있다면,

우리는 우주가 무엇인지 알아낼 수 있을까요?

어떤 것을 아는 방법은 매우 다양하다는 것을
기억하기 위해서랍니다.

무조건 어떤 것을 믿거나 받아들이지
말고, 그것이 믿고 받아들일 만한
것인지 묻기 위해서랍니다.

몹시 어려운 문제라도
과감히 질문을 던져 보기
위해서랍니다.

우리는 우주에 비해 아주 작지만,
이 우주 안에 자신의 자리도
있다는 것을 알기 위해서랍니다.

곰곰이 생각하는 것이 중요할까요?

그럼요.
무언가를 선택하려면 곰곰이 생각해야 해요.

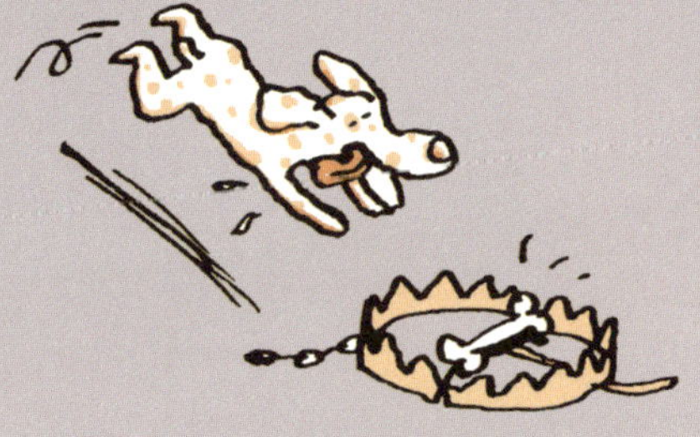

무언가를 선택하려면 항상
곰곰이 생각해야만 할까요?

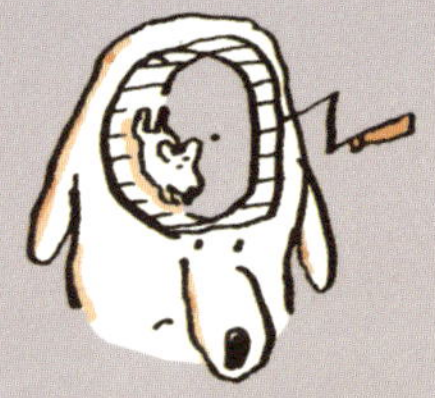

너무 곰곰이 생각하면 오히려
선택하기가 어렵지 않을까요?

아무 생각 없이 선택할 수도
있지 않을까요?

무언가를 선택할 때
우리는 정말 자유로울까요?

그럼요.
똑똑하려면 곰곰이 생각해야 해요.

그래, 그럴지만….

똑똑한 사람이라고 해서
항상 똑똑할까요?

곰곰이 생각하지 않아도
똑똑할 수 있을까요?

멍

똑똑해야 곰곰이 생각할 수
있지 않을까요?

똑똑하다는 것이 항상
쓸모 있고 좋은 일일까요?

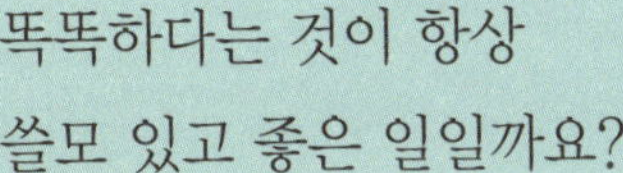

난 생각하는 것보다
재미있게 노는 것이 더 좋아요.
노는 것이 덜 피곤하니까요.

게임을 할 때도
아무 생각 없이 하나요?

술래잡기를 할 때는
피곤하지 않나요?

곰곰이 생각하는 것도
재미있지 않나요?

놀기만 하면
지루하지 않을까요?

그럼요,
멍청해 보이지 않으려면 생각해야 해요.

무언가를 곰곰이 생각할 때도
가끔은 멍청해 보이지 않나요?

사람들이 나를 어떻게 볼까 봐 두려워하면
자유롭게 생각할 수 없지 않을까요?

사람이 멍청할 수도 있지 않을까요?
멍청해서는 안 된다는 법이라도 있나요?

똑똑해 보이려고 노력하는 것이
더 멍청한 행동이 아닐까요?

곰곰이 생각함 곰곰이 생각하는 것이 중요할까요?

그럼요. 난 중요하다고 생각해요.
생각으로 세상을 바꿀 수도 있으니까요.

우리의 생각이 세상을 바꾸는 것이
아니라, 세상이 우리 생각을
바꾸지는 않나요?

사람들이 각자 다른 생각을 하면
어떻게 될까요?

그럼요. 곰곰이 생각하면

새로운 것을 발견할 수 있으니까요.

가끔은 우연히 새로운 것을
발견하지 않나요?

곰곰이 생각하다 보면 생각이
제자리를 맴돌지 않을까요?

우리가 발견한 것이 거짓이라면
어떻게 해야 할까요?

발견한 것은 모두 좋은 것일까요?
나쁜 곳에 사용할 때도 있지 않나요?

우리는 종종 의식하지 못한 채 무언가를 곰곰이 생각해요.

우리는 좋은 선택을 하기 위해 생각하고,

때로는 세상을 바꾸기 위해 생각해요.

하지만 곰곰이 생각하는 것이 간단하지만은 않아요.

곰곰이 생각하려면 시간이 걸리고,

경험과 지식도 필요하니까요.

또한 곰곰이 생각하는 게 때로는 우스워 보일까 봐 두렵기도 하고,

곰곰이 생각하고도 실수할까 봐 겁도 나요.

게다가 너무 곰곰이 생각하면 생각이 제자리에서 맴돌 때가 있어요.

그러면 그때는 아무 행동도 못하고 불행해 하지요.

생각하는 게 재미있다는 것을 잊어버린 거예요.

하지만 감정을 잘 다스리면 좋은 것처럼,

생각도 잘하면 아주 좋은 것이랍니다.

생각으로 자신의 능력과 한계를 넘을 수 있기 때문이지요.

행동을 하기 전에 어떻게 행동하면 좋을지
생각하기 위해서랍니다.

곰곰이 생각하는 것은
재미있는 놀이일 수 있다는
것을 발견하기 위해서랍니다.

가끔 지나치게 생각하는 것을 멈춰야,
자신과 다른 사람에게 좋은 행동을 할 수
있다는 것을 알기 위해서랍니다.

좋은 것, 중요한 것,
진실한 것을 결정하는 방법을
터득하기 위해서랍니다.

모두 안다는 것

우리는 모든 것을 알아야 할까요?

난 학자가 아니에요.
모든 것을 알 필요는 없지요.

그래,
그렇지만….

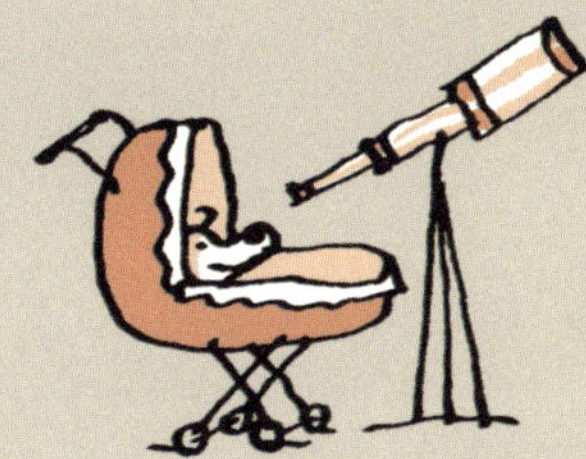

처음부터 학자로 태어나는 걸까요?
배워서 학자가 되는 것은 아닐까요?

학자도 결국엔 사람 아닌가요?

학자는 모든 것을 알까요?
학자도 모르는 것이 많지 않을까요?

모르는 것을 터득하려는 사람이
결국 학자가 되는 것이 아닐까요?

아니요, 우리는 너무 어려서
모든 것을 알 수는 없어요.

어른들은 모든 것을 알까요?

어른이 모르는 것을 어린이가
알 수도 있지 않나요?

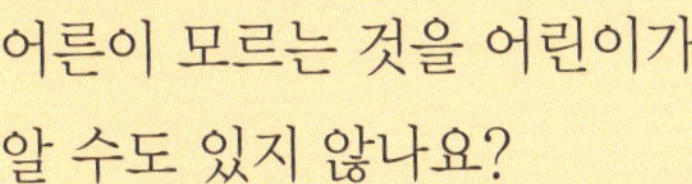

어린이가 알면 안 되는 것도
있을까요?

어린이가 알면 안 되는 것이
있다면 그것은 무엇일까요?

난 흥미로운 것만 알고 싶어요.

사람이 모든 것에 흥미를
느낄 수 있을까요?

흥미로운 것은 변하기도 해요.
항상 같은 것에 흥미를 느낀다고
확신할 수 있나요?

모든 것을 알 수 있을지 모르겠어요.

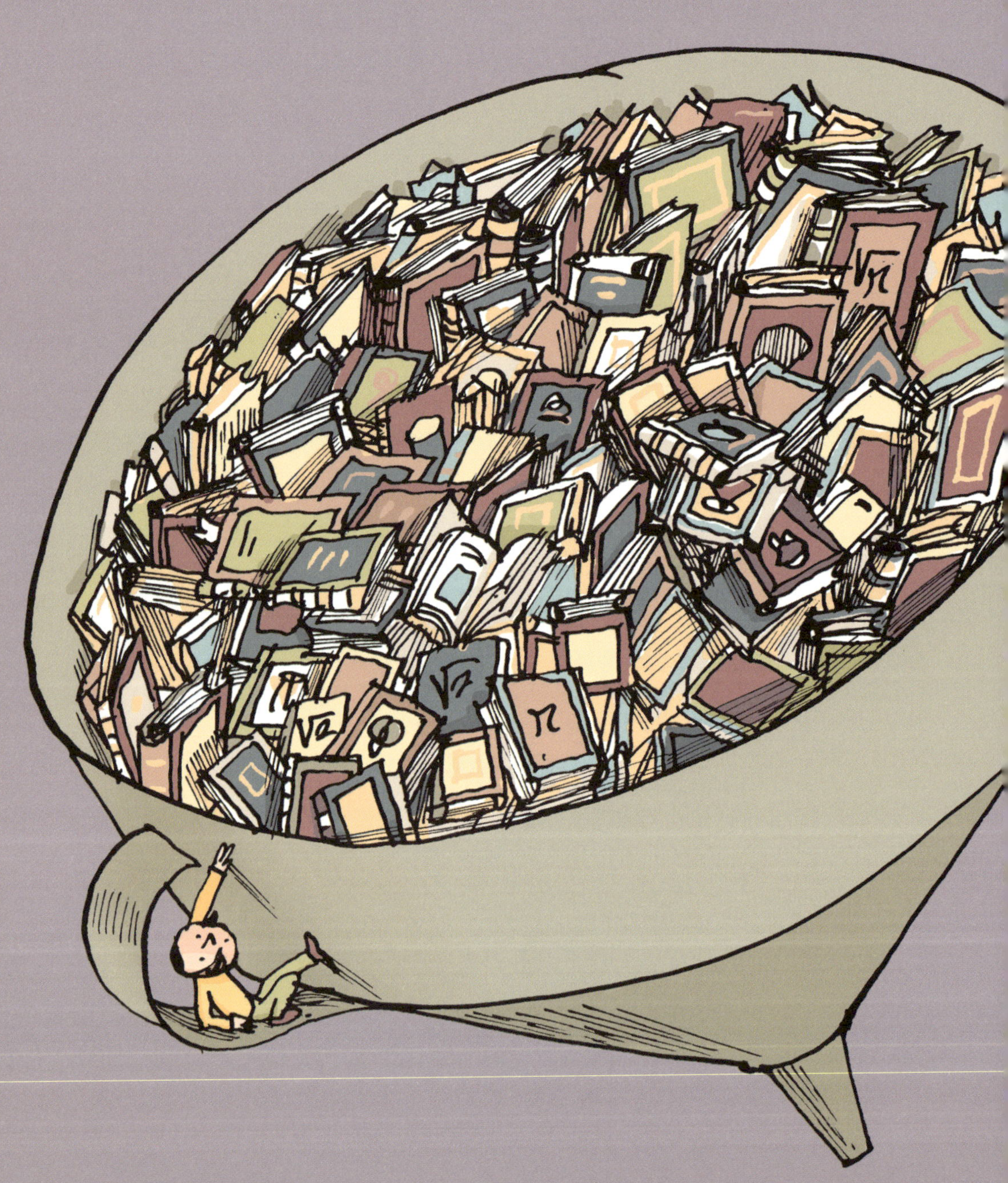

하지만 난 모든 것을 알기 위해
노력해야 한다고 생각해요.

모든 것을 아는 게 불가능하다면,
노력하는 게 무슨 소용이 있을까요?

우리가 모르는 것을 다른 사람이
알 수도 있지 않을까요?

차라리 모르는 것이 나을 때도
있지 않나요?

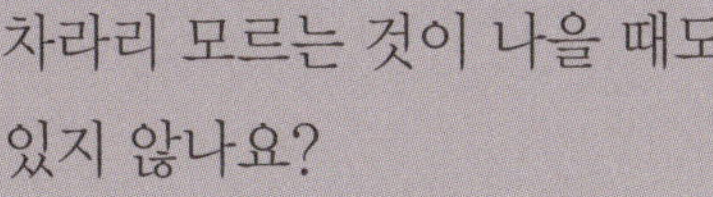

더 많이 알려고 노력하지 않는 것이
나쁜 걸까요?

그럼요, 모든 것을 알지 않으면
결국엔 실수하게 될 테니까요.

모든 것을 알려고 하는 것
자체가 실수 아닐까요?

무엇을 안다고 그것을
완전히 이해한 걸까요?

실수하는 게 그렇게
심각한 일일까요?

실수하면서 터득하는 것도
있지 않나요?

우리는 모든 것을 알고 싶어 해요.

왜냐하면 우리는 실수하고 싶지 않으니까요.

그러나 우리는 아직 어리고, 모르는 것도 많기 때문에

모든 것을 알려는 건 무리일지 몰라요.

알아야 할 것이 너무 많은데, 이 모든 것을 아는 게 가능할까요?

게다가 알고 있던 지식도

시간이 흐르고, 과학이 발전하면서 함께 변하지 않나요?

우리는 모든 것을 아는 게 불가능하다고 생각해서 용기를 잃기도 해요.

그렇다면 '앎' 이라는 물음 앞에서

우리가 할 수 있는 것은 무엇일까요?

먼저, 우리가 모르는 것이 무엇인지 알 필요가 있답니다.

그리고 그중에서 흥미로운 것을 골라 그것을 알려고 노력해야 해요.

또 우리에게 필요한 지식을 하나씩 터득하게 하지요.

이것이 '앎'을 쌓아가는 가장 좋은 출발점이랍니다.

이런 질문을
하는 건….

자신이 터득한 모든 게
중요하다는 것을 알기
위해서랍니다.

자신이 알고 있는 것과
모르는 것이 무엇인지
알기 위해서랍니다.

사람들은 왜 모든 것을 알고
싶어 하는지 스스로 되묻기
위해서랍니다.

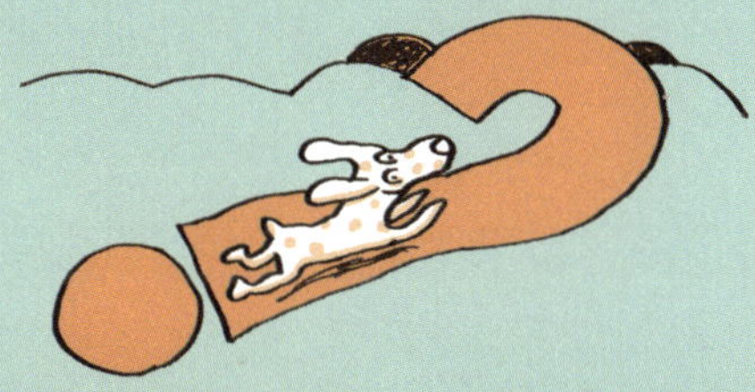

모든 것을 더 잘 알기 위해서 실수를 두려워하지 말고,
모르는 것도 있음을 받아들이기 위해서랍니다.

배우기 위해 반드시 학교에 가야 할까요?

그럼요, 학교에 가지 않으면
나중에 직업을 가질 수 없으니까요.

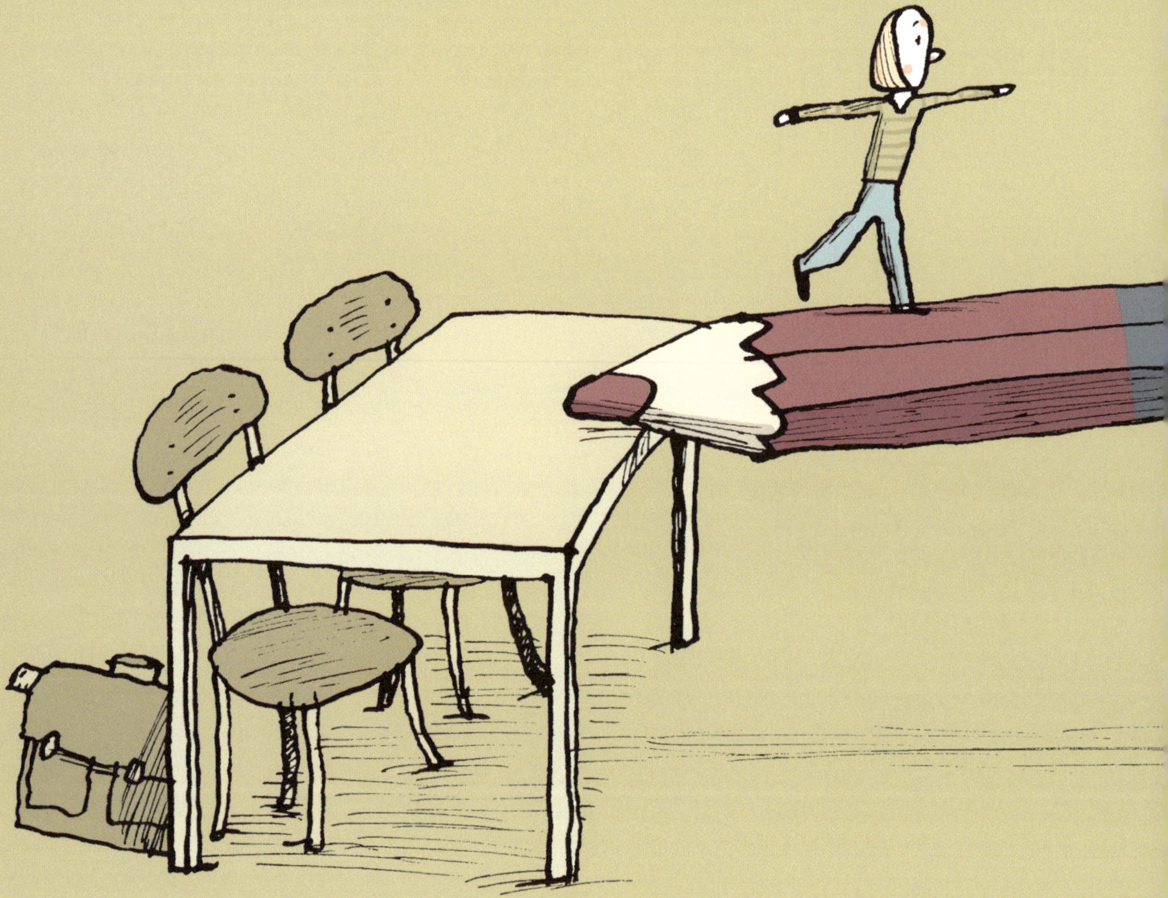

직업은 반드시 가져야 할까요?

공부하는 이유가 단지 직업을
갖기 위해서일까요?

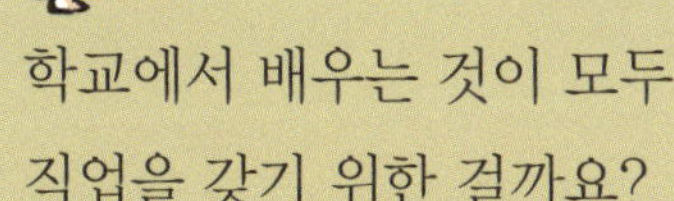

학교에서 배우는 것이 모두
직업을 갖기 위한 걸까요?

학교에 다니면 모두 직업을
가질 수 있는 걸까요?

그럼요, 학교에 가는 것은
법이 정한 것이니까요,

학교에 가기 때문에 자유롭지 못하나요?

학교에 가는 것은 법이 정한 의무예요.
그렇다고 법이 공부까지 강요할 수 있을까요?

누구를 위해 이 법이 생겼을까요?
우리를 위한 걸까요? 부모님을 위한 걸까요?

학교에 가는 것이 의무가 아니라면,
학교에 가지 않을 건가요?

아니요. 집에서 부모님께 배우거나,
텔레비전을 보면서도 배울 수 있으니까요.

부모님이 선생님을
대신할 수 있을까요?

부모님과 텔레비전에서 배운 것이
학교에서 배운 것과 다르다면
어떻게 해야 할까요?

텔레비전에 모르는 것을
물어볼 수 있을까요?

텔레비전을 보는 게 배우기 위해서인가요?
아니면 심심하기 때문인가요?

난 공부를 좋아하지 않으니까
학교에 가고 싶지 않아요.

공부가 쉽다면 공부를
좋아할 수도 있을까요?

읽고 쓸 줄 아는 것을
후회하나요?

항상 좋아하는 것만 할 수 있을까요?

멍청한 사람이 되고 싶은 건가요?

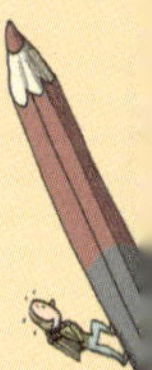

아니요, 학교에서만 배울 수 있다면
우리는 평생 학교에 다녀야 하잖아요.

학교에 더 이상 갈 필요가 없다는
것을 어떻게 알 수 있을까요?

혼자 터득할 수 있게 되는 것이
어른이 된다는 뜻일까요?

어른이 되면 더 이상
배울 필요가 없는 걸까요?

어른이 되어 학교에 가지 않는다면,
그때는 어디서 어떻게 배울 수 있을까요?

학교 배우기 위해 반드시 학교에 가야 할까요?

우리는 학교에 가야만 해요.

우리는 가고 싶지 않을 때도 학교에 가야만 하지요.

법적으로도 부모님은 우리를 학교에 보내야 한답니다.

하지만 단지 지식만 배우기 위해서 학교에 가는 건 아니에요.

사람들과 함께 사는 법을 배우고, 직업을 가질 준비도 하는 것이지요.

그러나 우리는 학교에서만 배우는 것은 아니랍니다.

길거리에서도 배우고, 여행을 통해서도 배우고,

집에서 책이나 텔레비전을 통해서도 배울 수 있답니다.

어떤 사람들은 학교에 다니지도 않았는데도

놀랄 만큼 풍부한 지식을 갖고 있기도 해요.

학교 공부가 항상 재미있는 것은 아니어서

왜 학교에서 이런 것을 배워야 하는지 묻게 될 때도 있어요.

하지만 무언가를 터득하려면 배우는 과정을 먼저 배워야만 해요.

이렇듯 학교에 가는 목적은 배우는 방법을 배우기 위해서랍니다.

학교는 우리가 자유로울 수 있도록
돕는 곳임을 이해하기 위해서랍니다.

이해하려고 노력하면서
배우기 위해서랍니다.

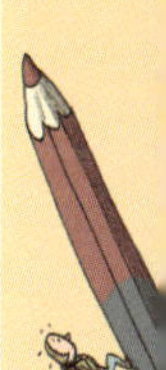

학교뿐만 아니라 다른 곳에서도
배울 수 있음을 기억하기 위해서랍니다.

학교를 졸업해도 사람은 평생
배운다는 것을 기억하기 위해서랍니다.

생각은 **생각**한 사람의 것일까요?

내 머릿속에서 나온 생각이니까
내 것이에요.

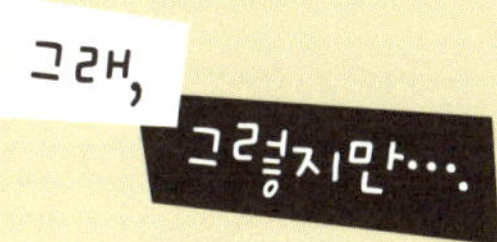

머릿속에 생각을 넣은 것이
자기 자신일까요?

잊어버린 생각은
어디에 있는 걸까요?

머릿속에 있는 생각은 우리가
찾아낸 걸까요? 아니면 생각이
스스로 우리에게 온 걸까요?

생각이 불쑥 튀어나온 것일까요?
생각이 처음 떠오른 곳이 있지 않을까요?

책을 읽거나 부모님과 이야기하면서
얻은 생각이니까 내 것이 아니에요.

그래, 그렇지만….

듣거나 읽은 생각을 우리는 모두
머릿속에 간직하는 걸까요?

우리는 머릿속에 간직할 생각을
선택하는 걸까요?

듣거나 읽은 생각을 우리가
바꾸기도 하지 않나요?

부모님의 생각이나 책 속의
생각은 어디서 온 걸까요?

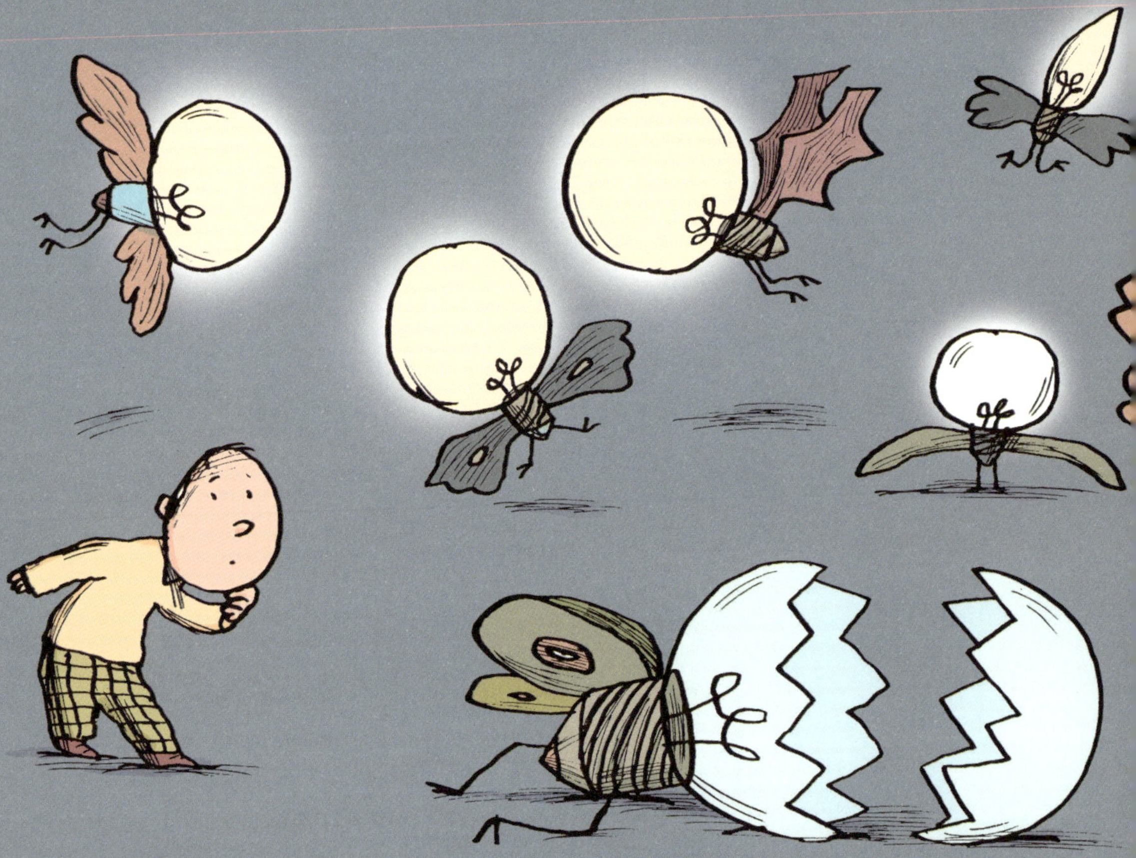

아니요, 생각은 스스로 있는 것이니까요.

생각이 있기 위해서는 그것을 생각하는
사람이 필요하지 않을까요?

사람들이 없다면 생각이
무슨 쓸모가 있을까요?

그럼요. 다른 사람들이 이해하기 어려운
생각을 할 때가 있어요.
그런 생각은 완전히 내 것이에요.

사람들과 함께 나눌 수 없는
생각이 무슨 의미가 있을까요?

뒤죽박죽인 생각도
생각일 수 있나요?

다른 사람에게 이해시킬 수 없는 생각은
자신도 이해하지 못한 것이 아닐까요?

아니요, 생각을 말하려면 이미 정해진
단어를 사용해야 하니까
자신만의 생각이란 없어요.

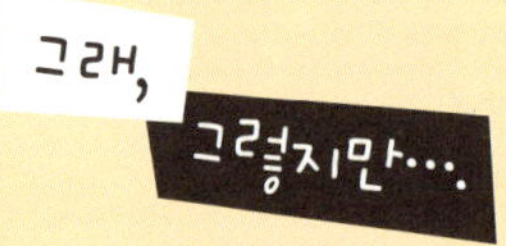

같은 생각을 다른 언어로 말할 수
있지 않나요?

단어로 표현되지 않는 생각도
있을 수 있을까요?

같은 생각을 다른 단어로 표현할 수도
있을까요?

생각은 단지 생각을 표현하는
단어들을 모아놓은 것일까요?

우리의 머릿속에는 온갖 생각이 있어요.

어떤 생각은 아름답고, 어떤 생각은 재미있으며, 어떤 생각은 깊이가 있지요.

생각은 한순간에 떠올라 우리 머릿속에 오랫동안 머문답니다.

우리가 그 생각을 잊어버리면 생각은 우리를 떠나기도 하지요.

이런 생각들은 과연 어디에서 오는 걸까요?

우리에게서 오는 걸까요? 아니면 다른 사람에게서 오는 걸까요?

또한 생각은 어디로 가는 걸까요?

생각이 스스로 있을 수 있는 세계가 어딘가에 있는 걸까요?

우리는 가끔 아무도 이해하지 못하는 자신만의 생각을 갖고 싶어 해요.

그러면서도 우리는 자기 생각을 잘 표현해 주는 단어로

친구들과 생각을 나눌 때 정말 만족스러워하지요.

이렇듯 서로 이해하도록 하는 단어들은 자기 것이면서도

모든 사람의 것이랍니다.

이런 질문을
하는 건….

우리 머릿속에서 어떤 일이
일어나는지 생각해 보기
위해서랍니다.

생각의 근원과 가치를 물어보고
점검하기 위해서랍니다.

생각을 이해하고 나누는 데
필요한 단어의 중요성을
알기 위해서랍니다.

생각의 아름다움을 보고,
그 자체를 사랑하기
위해서랍니다.

상상은 어디에 필요한 걸까요?

난 현실을 잊기 위해
상상이 필요하다고 생각해요.

그래, 그렇지만····

우리가 상상한 것이
현실적인 것은 아닌가요?

상상하기 위해서 현실이
필요하지 않나요?

실제로 현실을
잊어버릴 수 있을까요?

현실도 우리의 상상으로
만들어진 것이 아닐까요?

난 상상은 아름다운 이야기를
쓰는 데 필요하다고 생각해요.

아름다운 이야기는
어디에 필요한 걸까요?

이야기가 반드시
아름다워야 할까요?

어떤 이야기가
아름다운지는 누가 결정하나요?

상상하기만 하면 이야기를
쓸 수 있는 걸까요?

난 상상으로

상상한다고 다른 사람이
될 수 있을까요?

상상 속의 모습 때문에
자신이 어떤 사람인지
알지 못하게 될 수도 있을까요?

시간이 흐르면서 우리는
모두 다른 사람이
되어가고 있지 않나요?

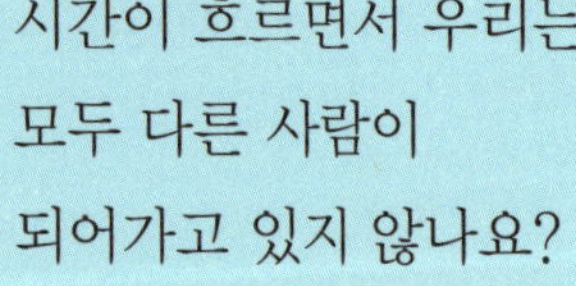

우리는 우리가 상상한 사람일까요?
아니면 그냥 우리 자신일까요?

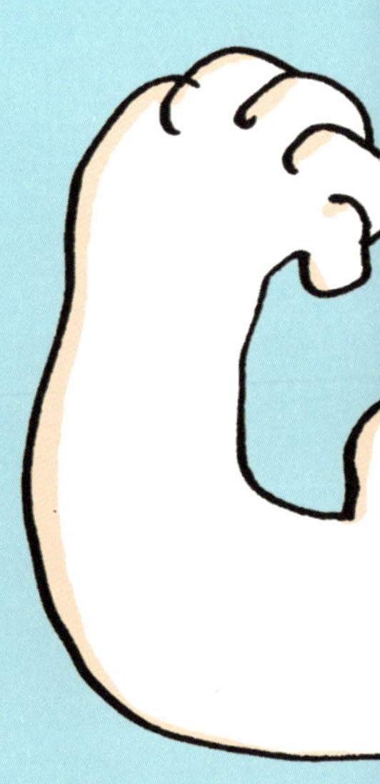

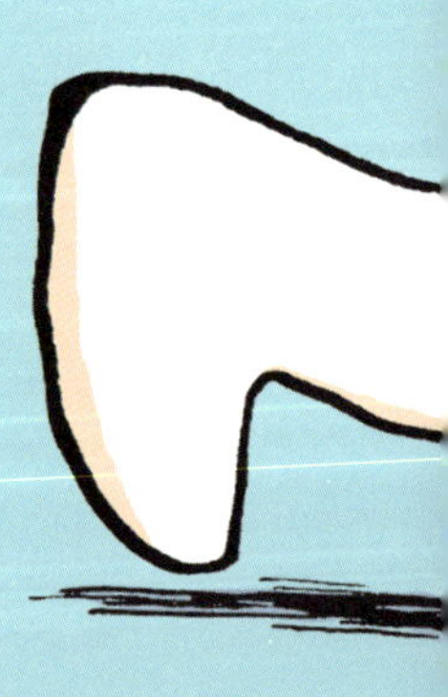

다른 사람이 될 수 있다고 생각해요.

난 상상은 아무 쓸모가 없다고 생각해요.

난 상상은 아무 쓸모가 없다고 생각해요.

쓸모없는 상상이
더 자유롭지 않나요?

상상이 쓸모없다고 해서
필요하지도 않은 걸까요?

우리가 원하는 것을 상상하는 건
즐겁기 위해서 아닐까요?

상상하지 않고 살 수 있을까요?

부모님께 거짓말할 때
상상이 필요해요.

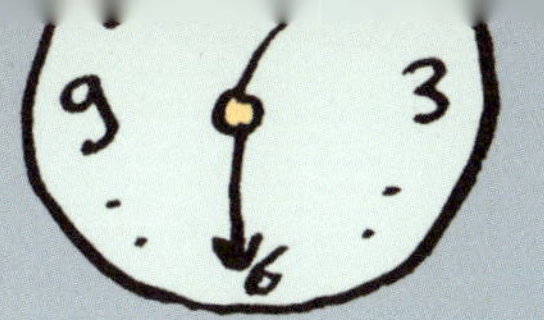

상상으로 우리는 자신에게도
거짓말을 하지 않나요?

말로 현실을 바꿀 수 없을 때도
있지 않나요?

새롭고 쓸모 있는 것을
발명하려면 상상해야 한다고 생각해요.

그래,
그렇지만….

사람들은 무언가를
발명하는 걸까요?
아니면 발견하는 걸까요?

이미 있는 것만으로
만족할 수 없는 걸까요?

필요하고 쓸모 있는 것만
발명해야 하나요? 그렇지 않은
것도 발명할 수 있지 않을까요?

무언가를 끊임없이
발명할 수 있을까요?

우리는 상상을 해요.

하지만 가끔 상상이 지나치기도 하지요.

상상과 현실을 구별하지 못할 정도로 말이에요.

물론 상상하는 것은 기분 좋은 일이랍니다.

상상으로 세상을 아름답게 할 수 있으니까요.

때로 상상은 우리가 무시하고 싶은 것을 외면하게 해 주어서

우리의 마음을 편하게 해 주기도 해요.

우리가 두려워하는 것으로부터 우리를 보호하기 때문이지요.

또 상상은 현실을 만드는 데도 필요하답니다.

발명가나 예술가들이 현실을 만드는 상상을 하지요.

우리를 꿈꾸게 하는 아름다운 이야기를 듣고 싶지 않나요?

그리고 세상과 자신을 더 잘 이해할 수 있도록

도와주는 이야기를 듣고 싶지 않나요?

미래에 되고 싶은 모습을 상상하고 꿈꾸고 싶지 않나요?

상상은 우리를 속일 수도 있어요.

그러나 상상은 우리가 누리는 자유이기도 하답니다.

상상과 현실을 구별하기
위해서랍니다.

상상은 우리 현실의 일부분
이라는 것을 이해하기
위해서랍니다.

세상이 우리를 창조한 것처럼
우리도 세상을 창조하는 법을
터득하기 위해서랍니다.

생각함으로써 더 자유롭게
살기 위해서랍니다.

철학하는 어린이 시리즈 09

안다는 것은 무엇일까요?

글 | 오스카 브르니피에
그림 | 파스칼 르메트르
옮김 | 박광신

초판 1쇄 발행 | 2012년 4월 20일
초판 9쇄 발행 | 2021년 1월 11일

펴낸이 | 신난향
편집위원 | 박영배
펴낸곳 | (주)맥스교육(상수리)
출판등록 | 2011년 8월 17일(제321-2011-000157호)
주소 | 서울특별시 서초구 마방로 2길 9, 보광빌딩 5층
전화 | 02-589-5133(대표전화)
팩스 | 02-589-5088
홈페이지 | www.maxedu.co.kr
블로그 | blog.naver.com/sangsuri_i

기획·편집 | 김사랑
디자인 | 이선주
영업·마케팅 | 백민열
경영지원 | 장주열

ISBN 978-89-97449-09-5 64100
정가 14,000원

*이 책의 내용을 일부 또는 전부를 재사용하려면 반드시 (주)맥스교육(상수리)의
 동의를 얻어야 합니다.
*잘못된 책은 구입한 곳에서 바꾸어 드립니다.

상수리는 독자 여러분의 귀한 원고를 기다리고 있습니다.
투고 원고는 이메일 maxedu@maxedu.co.kr로 보내 주세요.

어린이제품안전특별법에 의한 제품 표시

제조자명 (주)맥스교육(상수리) \ 제조국 대한민국 \ 제조년월 2021년 1월 \ 사용연령 만 7세 이상 어린이 제품